ECOSSISTEMA DO
E-COMMERCE

DE EMPRESÁRIO PARA EMPRESÁRIO

*Pelo criador da Magazine Médica,
maior site de produtos médicos do Brasil*

Luciano Grunitzhy

2023

Sumário

Apresentação

A pergunta que talvez você se faça é qual a diferença entre este livro e tantos outros que já foram escritos sobre E-commerce ou vendas digitais. A resposta para essa pergunta é: **Prática e Realidade!**

Sim, diferente de outros autores, eu criei, junto com algumas pessoas, um dos maiores E-commerces de produtos médicos do Brasil.

Por isso, trago com grande satisfação **a visão integral do ecossistema para a criação e manutenção de um E-commerce que venda de verdade.**

Com uma linguagem direta, a cada capítulo deste ebook, você receberá **informações práticas e exemplos eficientes para aplicar ao seu negócio.**

Afinal, como empresário, sei que no dia a dia não temos tempo a perder.

Boa leitura e conte comigo!

Quem sou eu

Luciano Grunitzhy

Gosto de me apresentar sempre pelo mais importante: Sou um ser humano em desenvolvimento, sempre disposto a colaborar. Sou pai, filho, marido e amigo. Sou CEO do Grupo Ballke, um conjunto de empresas que une saúde e tecnologia, e sócio colaborador de outros tantos negócios. Até o momento escrevi, incluindo este, três livros. Gosto de praticar esportes e estudar, procuro colaborar com a minha parte no desenvolvimento dos demais, através de palestras e conferências. Ao longo da vida, acolhi e fui acolhido por muitos. Sou grato pela vida!

1
QUEM É VOCÊ

Se você iniciou essa leitura, provavelmente faz parte do meu público-alvo, em três versões. Confira!

1. Você é um empresário e almeja ter um E-commerce

Neste ponto, provavelmente você foi tomado por aquela sensação de estar bem atrasado. Sei bem o que é isso. Já lhe falaram várias vezes, mas, por alguma razão você procrastinou, foi deixando passar, até que um dia a coisa apertou e **você sentiu falta de mais competitividade em seu negócio,** de sentir novamente o sangue correndo em suas veias ou daquela nova energia.

Sabe, a questão de **não ter um E-commerce me faz lembrar das vendas que perdi a muitos anos atrás por não oferecer a opção de pagamento pelo cartão de crédito.** Hoje, eu quase não posso acreditar que minha empresa passou tantos anos sem oferecer essa forma de pagamento aos clientes, devido aos 2 ou 3% que a operadora cobrava sobre o faturamento.

Pensando agora, tal atitude era reflexo de puro preconceito, mente pequena, e até uma certa mesquinharia, porque mesmo em um ambiente de preços bem competitivos, 2 a 3% não podem ser determinantes para o fechamento de uma venda, principalmente no varejo, e, se for, o "mar está bem vermelho para você", melhor trocar de águas.

Pense comigo quão irracional pode ser um raciocínio desses:

Quantas oportunidades serão perdidas por 2% no preço final do produto?

Conheci alguém que vendia pastéis, era sem dúvida o melhor pastel da minha região, mas não ofereciam a opção de pagamento pelo cartão. Eu mesmo, deixei de comer lá por no mínimo 10 vezes, por não estar carregando dinheiro em espécie comigo.

Foram, só comigo, perdidas 10 oportunidades de vendas, e por quê?

Por causa de R$ 0,06 centavos nos R$ 3,00 reais faturados do pastel. Bem, mas digamos então que eu não esteja disposto a perder absolutamente nada em minha margem de lucros, fácil: Pastel por R$ 3,10! Isso mesmo, **adicione esse custo ao preço do seu produto,** ou alguém deixaria de comprar um pastel de R$ 3,00 por custar 0,10 centavos a mais?

Bom, eu deixei de comprar pelo menos 10 por não ter a opção do cartão! Há, lembra que o custo era de 0,06 centavos pela comissão do cartão, certo? **E agora com R$ 3,10 o pasteleiro ainda ganharia mais 0,04% bruto em sua margem, ou seja, fatura mais e ainda oferece mais facilidade em formas de pagamento aos clientes.**

Sabe, ocorre um pouco disso com o E-commerce; alguns de nós pensa que não é necessário, que "vamos passar sem essa" ou ainda, que já está tarde demais para entramos, como se o futuro fosse muito, muito distante e poderíamos ainda coexistir mais dez ou vinte anos sem ingressar no virtual.

Veja bem, uma hora a ficha cai (sim, esse jargão é bem antigo, do tempo do telefone público chamado orelhão, que a ficha caia interrompendo a ligação) e é justamente isso que pode ocorrer com a sua empresa. **A qualquer momento a ficha pode cair, e você perderá a ligação com seus clientes.** Como a antiga ficha de orelhão, você sabia mais ou menos o tempo que aquela ligação duraria, e você também sabe que o seu tempo acabou há muito tempo.

2. Você tem um E-commerce que não vende

Bem, a primeira notícia que tenho para lhe dar é que **você não está sozinho, a grande maioria dos E-commerces não vende ou vende muito pouco,** e aqui, fundamentalmente, ocorrem os grandes desestí-

10

-mulos para seguir adiante. Os fatores podem ser inúmeros, mas vamos falar sobre praticamente todos mais a frente.

Ainda é preciso dizer que um E-commerce que não vende é quase igual a não ter um E-commerce, diferente um pouco porque ele pode produzir alguma coisa para seu negócio físico em termos de visibilidade.

3. Você tem um E-commerce que vende bem

Eu poderia lhe perguntar o que você está fazendo aqui, sim, ao invés de estar curtindo o seu sucesso, mas eu estaria agindo com falsidade, porque, na verdade, eu sei exatamente o que você está fazendo aqui. **O perfil do empresário de sucesso é justamente este: colocar sempre seu sucesso à prova, seja por meio de pesquisas, atualizações ou testes.**

Vamos falar muito sobre isso, nos capítulos adiante, principalmente sobre testes. Então ficamos combinados que **você vai ler esse conteúdo nem que seja para saber simplesmente que você está fazendo tudo certo,** mesmo que discorde de algumas questões aqui descritas (e discordar muitas vezes é bom).

2
O QUE NOS UNE?

Uma coisa que todos temos em comum é que somos empresários, sim, eu e vocês estamos juntos nessa, e essa sequência de conteúdos vai diretamente nesse ponto, de empresário para empresário, conversa fácil e direta, com poucos ou nenhum jargão do marketing digital, a coisa em si na prática pura do dia a dia.

Outra coisa, não pretendo falar aqui sobre como é difícil ser empresário no Brasil como todos já sabemos, mas, pelo contrário, vou trazer um outro ponto de vista, que **torna o Brasil, infelizmente, um lugar de muitas oportunidades.**

Falo infelizmente, porque se trata de uma carência, pois se temos por um lado, a carga tributária pesada, os encargos e leis trabalhistas que nos colocam quase como reféns do sistema e as questões estruturais precárias, por outro lado, se olharmos bem em nossa volta, a concorrência é muito fraca, sim, a grande maioria dos serviços oferecido no Brasil beira quase ao ridículo, empurrados pela barriga, oferecendo não mais do que o mínimo aos clientes.

Então a boa nova é que isso não torna muito difícil **você se sobressair nesse cenário,** basta transcender o pouco que está aí! E aqui não falo apenas de pequenas e médias empresas, basta que cada um recorde de qualquer tentativa de cancelamento ou suspensão de serviços em determinados segmentos.

Corroborando com isso, tem ainda outra coisa que também identifiquei, e ficou mais evidente nos últimos anos em meu negócio. Com o aumento de volume e por ter uma equipe de TI no interno, eu tive a possibilidade de estreitar o relacionamento com as **maiores companhias ligadas ao E-commerce do Brasil, como as de pagamentos, logística, marketing digital,** entre outras, o que me fez entender que sim, de certa forma o Brasil ainda é bem amador indiferente do tamanho do negócio.

13

Iniciei um negócio há 20 anos, junto ao início da internet. Recordo que meu primeiro contato com o ambiente virtual foi enviando e-mails, na época, pelas plataformas do Bol e Zipmail, ainda ouço o chiado das tentativas de acesso discado à internet, parece que foi em outro século, mas faz apenas 20 anos, aproximadamente.

Também sei que 20 anos não são nada, mas tem algo que considero muito, que foi termos surgido do pó. Sim, há 20 anos, eu e meu sócio tínhamos a quantia de R$ 1.000,00 para nosso investimento inicial, alguém de nós tinha R$ 600,00 e outro R$ 400,00, e ainda não sabemos quem está em dívida com o outro.

Até hoje, pelo menos, nunca quebramos. Tudo o que ocorreu, morte e vida, ocorreu dentro da empresa, dentro do negócio, nada foi visto ou sentido no externo e aqui tem um conceito que discordo parcialmente das teorias administrativas que fazem você acreditar que é normal quebrar várias empresas até chegar finalmente no sucesso.

Eu penso que dá para fazer melhor, que dá para quebrar processos, atitudes, ações, direcionamentos, tudo, dentro do mesmo negócio, da mesma empresa.

Quando meu primeiro E-commerce foi concebido, tratava-se de uma plataforma comprada, pré-pronta, nem domínio próprio tínhamos, era uma extensão do domínio da plataforma contratada, **vendíamos muito pouco ou quase nada,** também não sabíamos praticamente nada de E-commerce. Isso durou uns dois anos, foi quando pensamos que tínhamos que mudar o quanto antes, **criar algo genuinamente nosso, para construir mais relevância com o passar do tempo.** Por outro lado, eu me perguntava se esse negócio de venda on-line "ia pegar", sim, passei por isso, assumo.

Nessa época estávamos para fechar a construção de uma plataforma com uma empresa terceirizada, o valor era bem expressivo para nossas condições da época e nesse mesmo tempo, um jovem promissor surgiu aspirando uma vaga para separação de produtos em nossa expedição.

Realizada a entrevista, informou que tinha feito alguns cursos na área de programação, pronto, iniciava ali o que na época era um protótipo de setor de TI.

Em seguida, lançamos **o desafio da construção de um E-commerce próprio do zero, ele topou e depois de 6 meses estávamos com nosso E-commerce "pronto".** No começo, estava inseguro, e me perguntava se as vendas pelo cartão de crédito "creditariam" mesmo em nossa conta, mas a confiança dele me tranquilizou.

15

Site no ar, **o primeiro desafio foi o nome,** difícil de soletrar, parecia não caber para o simples que o digital requer. **O segundo problema, foi a disparidade de preços com as lojas físicas,** porque para vender on-line é preciso ter preços, um dos motivos importante pelos quais as pessoas compram pela internet. Não queríamos, obviamente, perder as margens das lojas físicas, mas, por outro lado, **se igualássemos os preços, não teríamos o atrativo na loja virtual e não atingiríamos um público mais abrangente a nível nacional.**

Aqui tem algo bem interessante, de como o mercado vai se moldando. **No início havia uma briga entre a loja virtual e a física de um mesmo negócio,** os clientes simplesmente não entendiam que as lojas virtuais tinham um custo menor para se manter do que as físicas e, no final, chegávamos sempre na mesma insatisfação estampada no rosto dos clientes que haviam visualizado os preços no site e depois buscavam efetivar a compra na loja física.

Em um segundo momento, **todos passaram a entender que os preços eram diferentes, e agora, novamente, tudo tende a se igualar, no chamado omnichannel.**

Bem, **todo o problema nada mais é do que uma oportunidade de superação,** pelo menos é o que dizem, então um certo dia, meu sócio trouxe **um novo nome para um novo E-commerce, para ser desvinculado das lojas físicas.**

Foi então que, **aliado a uma boa estratégia de cadastro de produtos, organização de estoque e campanha de Google Shopping, começamos a experimentar números que foram nos surpreendendo a cada dia.**

E aqui fica outra dica importante!!!

Comece a fazer bem feito da base. Sim, se você tem 4 produtos, saiba tudo deles, deixe o controle de estoque perfeito, organize sua empresa no físico, e ela prosperará no virtual. Empresas que são desorganizadas, serão em qualquer meio.

Hoje, aprendo novas coisas todos os dias, e tenho ainda muito a aprender obviamente, mas quero aqui compartilhar, de forma simples, a prática dos conceitos que me levaram a bons resultados no universo do E-commerce.

O que eu pretendo trazer neste livro, são minhas experiências em mais de 20 anos no E-commerce, mas sob a ótica do empresário, do dono, não sob a visão de uma agência como geralmente ocorre, sem meias-palavras, a versão diretamente de quem é ou será dono, e principalmente, viverá na
pele a coisa toda.

3
O ECOSSISTEMA

Sim, um E-commerce vencedor é um grande ecossistema, e como um ecossistema, é complexo, tem relações intrínsecas que irradiam de um lado para outro, que estabilizam ou desestabilizam com qualquer variável. **É um filho que todos os dias você terá que cuidar.**

Como eu relatei na introdução, vamos começar pela ordem dos fatores, e aqui os empresários que ainda não ingressaram no mundo das vendas on-line podem colher mais do que os que já estão na estrada, mas aos experientes, convido-os para uma sessão de nostalgia, relembrando bons momentos vividos ao longo do processo.

Iniciando as vendas on-line

Certo dia você acordou e viu que era hora de vender pela internet, está decidido e começa a fazer suas primeiras pesquisas (na própria internet que você até então achava que não era tão necessária para a vida do seu negócio), então uma enxurrada de criadores de plataformas e agências vão se amontoar por inúmeras páginas do Google. Você abriu muitas páginas, leu, cotou e maior ainda que a quantidade de respostas da busca são as dúvidas que vão se somando em sua mente, até que no final de algum tempo você está exausto e muitas vezes até desanimado.

Para facilitar, vamos direto ao ponto do que é necessário saber.

Plataforma

Uma das primeiras dúvidas que surgem é sobre qual plataforma contratar. São tantas no mercado, desde as vendidas em série num processo quase plug and play como as customizadas, com seus valores exorbitantes.

Sim, eu sei, pensamos como empresário, e a primeira situação que pode vir à mente é a de não investir muito, porque é um campo ainda a ser descoberto, então vamos com calma.

As plataformas basicamente se dividem em 2 formas: as terceirizadas e as próprias.

Quanto às primeiras, existem muitos tipos e modelos, planos e outras situações. A priori, são mais fáceis, e aí você precisa entender, que **sempre o que é mais fácil no início, pode ser mais custoso no final,** mas, muitas vezes, o empenho em desenvolver uma plataforma própria, pode malograr seu projeto.

O meu conselho é: inicie com uma plataforma terceirizada, para degustar do mercado, mas tenha sempre em mente desenvolver a sua plataforma própria. Uma plataforma própria te dará independência de ação e financeira, já uma plataforma terceirizada lhe prenderá por esses aspectos.

Domínio

Talvez você recorde aqui que não possui um domínio, então **faz a busca em um site de registro de domínios como o registro.br ou godaddy.com** e pode perceber que sua marca ou o nome da sua empresa já está registrado para outro negócio, então você fica um tanto magoado, e vai passar para o próximo passo.

Registro de Marca

Hum, você nunca pensou em registrar a sua marca ou o seu nome? Sim, eu sei, como você não pensava em vender pela internet, achou também que não precisaria registrar a sua marca, e, você até recebia aquelas ligações ou e-mails de empresas de registro de marca, mas sempre achou que estavam querendo te extorquir ou algo assim, eu compreendo, porque **passei por 8 anos até registrar minha primeira marca, mas, chega uma hora que precisamos fazer isso.**

Bem, mas se a sua marca já está registrada por outra empresa, porque é um nome tão genérico que existem milhares de negócios com esse mesmo nome, então é preciso passar para o outro passo.

Nome/Marca

Em nosso grupo, tivemos um grande problema quando chegou a hora de digitalizarmos uma de nossas marcas, e tudo começou pela ignorância da incipiência empreendedora. Recordo que o estudo da nossa primeira marca não durou mais do que uma hora.

Não, não éramos tão bons em criação de marca que conseguimos essa façanha em tão pouco tempo, acontece que em uma manhã meu sócio invadiu a república onde eu morava, entrou no meu quarto e foi me acordando dizendo que teríamos que abrir a empresa ou hoje, ou nunca! Bem, eu, ainda embaixo da coberta, precisava me defender daquele ataque, rebati que não poderíamos abrir a empresa porque não tínhamos nem sequer um nome. Mas ele estava pronto, não seria um "pequeno" argumento que lhe derrubaria naquele dia, foi quando me respondeu que resolveríamos aquele aspecto naquele momento, e começou a folhear livros de anatomia e fisiologia espalhados aleatoriamente em meu quarto, quando um nome de um dos autores soou alto! Nos olhamos e gostamos daquele som, logo mais tivemos a "grande" ideia de colocarmos dois "L" por causa das iniciais dos nossos nomes.

Bem, não foi tão mal assim, até chegar a internet, e as pessoas começarem a buscar pelo nosso negócio pelos mais variados nomes possíveis, usando todo tipo de adaptação que soasse próximo ao nosso nome.

Se você não puder usar o seu nome e precisar criar um novo, algumas dicas são muito valiosas para um site:

a) nome curto;

b) nome fácil;

c) nome que remeta ao tipo de serviço ou produto que você venda;

d) preferencialmente nomes que não tenham "ç" ou acentos.

Ao longo da minha experiência, comprovei que **nomes que informam a atividade obtêm mais relevância nas buscas.** Outra dica importantíssima nessa hora é, **antes de registrar a marca,** não esquecer de **conferir se o domínio está disponível. Você pode fazer isso nos sites de registro de domínios facilmente e de forma gratuita.**

Tenha atenção ao aspecto das extensões de domínio, como o ".com.br". Se o seu negócio for comércio, sugiro registrar o ".com" e o ".com.br". Se o seu nome for com 2 "Ls" registre os domínios com 1 e 2 "Ls" ou com sons próximos à fonética do seu nome, depois, direcione todos ao domínio principal.

Ok, agora você já tem um nome único, registrou sua marca, garantiu seu domínio e contratou sua plataforma, é hora de pensar no layout.

Layout

Aqui, pense primeiro no seu público-alvo. O estilo do site deve estar diretamente em sincronia com ele. Um site que vende bicicletas, precisa ter um layout com uma pegada mais aventureira, já um restaurante clássico recebe outro tratamento.

Neste ponto, vale muito a regra de menos é mais. Opte por sites mais limpos, sem tornar um pinheiro de natal cheio de luzinhas piscantes. Eleja uma informação importante e foque nela.

Um bom estudo de cores também ajuda, existem padrões de cores que transmitem confiança, paixões e inúmeros outros aspectos, escolha a que converse com o seu público, aqui uma boa agência de marketing pode ajudar.

Bem, chegamos até aqui, então vamos lá, recapitulando: nome, marca registrada, domínio, layout e a página está no ar!

Agora vamos vender muito!

Não, não vai ser assim, você provavelmente não encontrará o seu próprio site no Google, nem digitando o nome completinho na busca. Não funciona assim, **e aqui está um dos maiores erros de principiantes em vendas on-line,** achar que o fato de ter uma plataforma no ar seja "a venda on-line em si", mas o buraco, é bem mais embaixo, ou melhor, vem bem antes disso.

Começando a Entender o Ecossistema

Até aqui nós já construímos a cara da nossa loja, mas ainda falta a cabeça, o tronco, as pernas, os braços e que ela aprimore alguns sentidos, principalmente, precisa aprender a ouvir e se comunicar.

Nessa etapa, geralmente nos deparamos com as primeiras dificuldades estruturais, que vamos descrever agora.

1. Cadastro de Produtos

Esse tópico é fundamental para uma base sólida em vendas on-line. O cadastro de produto é um pilar profundo, sem um cadastro de produtos bem-feito, todo o restante vai desabar no futuro.

Aqui entram aspectos como:

- **nome do produto;**
- **descrição;**
- **imagem;**
- **unidades de medidas;**
- **avaliações.**

2. Nome do Produto

Parece simples, um nome é um nome, o que mais eu poderia fazer com um nome, mas aqui vai uma pergunta: **com qual nome o cliente conhece e busca esse mesmo produto?**

Sim, muitas vezes o nome pelo qual você conhece o produto, pode não ser o mesmo nome que o cliente conhece o produto, e **o que importa é o nome que o cliente conhece.** Quando não pudermos alterar o nome do produto, podemos melhorá-lo, incluindo algum dado a mais nele, **alguma referência de utilidade ou uso.**

Em nosso caso, tínhamos, por exemplo, itens que eram conhecidos pelo nome científico, nome popular e por uma marca sinônimo. Sempre fomo s pela versão mais conhecida do público, e é por esse nome que ele vai iniciar a busca e chegar até você. **Os nomes "corretos", podem constar no descritivo do produto.** Essa já é uma técnica de SEO, que vamos falar nos próximos tópicos.

3. Descritivo do Produto

Se você ainda está pensando em copiar e colar, esqueça. O que o público quer é diferencial, aquela informação a mais, algo que faça sentido para ele, que aproxime ele do produto. Sem textos enormes também, ninguém quer passar o dia lendo um descritivo.

Gosto do sistema de tópicos. Um descritivo errado, fará você perder credibilidade e dinheiro, porque **as taxas de devolução tendem a subir pela informação errada passada na hora da compra.** Então muita atenção ao descritivo, para que ele realmente represente o produto a ser vendido.

4. Imagem do Produto

Há pouco tempo **o Google aumentou o peso da qualidade das imagens em seu ranqueamento,** então, uma boa imagem é sinônimo de mais confiabilidade e segurança para o cliente, e aqui **podemos fazer uma pergunta a nós mesmos:**

Compraríamos um produto que não conseguíssemos visualizar de forma satisfatória?

A imagem é o básico do básico, invista nisso. Na atualidade ficou muito fácil fazer boas imagens, com a popularização dos smartphones e suas câmeras potentes. Use sua criatividade, e tenha uma diversidade de ângulos, por exemplo, uma imagem da embalagem, outra do produto em uso, imagens 360 graus, vídeos explicativos.

Outra questão extremamente importante é o peso das imagens, existem extensões específicas para web atualmente, procure a que oferecer a melhor relação de baixo peso e qualidade. Em nosso grupo, tomamos uma ação de criar um estúdio interno, com fotógrafos profissionais o que fez render muitos acessos oriundos do painel de imagens das buscas do Google. Se você está iniciando, faça você mesmo, mas foque em qualidade e criatividade.

5. Unidades de Medidas

Balanças e trenas a postos, tal qual a imagem, temos que dar extrema atenção às medidas dos produtos e aqui incluímos **as medidas em si do produto e também da embalagem.** Esse aspecto é importante, porque para o cliente, vale a medida do produto, mas para o **cálculo do frete,** vale a medida da embalagem. Então para que você não tenha diferenças entre o valor da cotação para com a cobrança da transportadora, utilize sempre para fins de cálculo de frete as medidas da embalagem e para o cliente, recomendo informar as duas.

6. Avaliações

A melhor recomendação que um site pode ter é dos próprios clientes, e nisso o mercado consegue fazer justiça, porque que não adianta eu colorir de estratégias de marketing meu produto, se ele não for bom, **o juiz chamado avaliação do cliente, baterá pesado o martelo sobre a realidade.** Inclua sistemas de avaliação para seu site e seus produtos, hoje, existem formas relativamente fáceis de implantação e o próprio Google oferece uma gratuita.

Entrando no jogo! (SEO)

A cada ano, pelo menos, o Google altera ou ajusta seus parâmetros de ranqueamento, ou seja, o que eles entendem como meio **para melhorar a experiência de compra dos clientes,** e, se você vender, o Google vende também! Por isso, ele meio que nos obriga a realizar essas melhorias, atuando quase como um ISO 9000 da internet. São as chamadas **técnicas de SEO,** que são basicamente as questões que falamos acima, entre outras, e devem ser nossa referência para sempre.

É muito importante estarmos sempre atentos a essas alterações, porque elas podem, por um lado, alavancar os acessos ao nosso site bem como diminuí-los. Vale lembrar também, que aqui estamos falando muitas vezes de uma parte do processo de compra, a outra, que não é do Google, é a nossa, com as políticas de preços, frete, etc.

De modo geral, **um site precisa ser seguro, rápido e fácil de comprar.** É isso que todos os clientes querem e é isso que o Google quer que entreguemos a ele.

A coisa é até simples, basta nos colocarmos do outro lado da tela. Ninguém gosta de ficar muitos segundos assistindo uma imagem abrir na tela, ainda mais se queremos visualizar as 5 imagens que ainda estão por vir. Nós e a maioria dos clientes abandonaria e seguiria para outra plataforma.

Portanto, o que o Google nos pede, não é nada demais, é apenas os resultados que nós mesmos, os clientes, desejamos. As técnicas de SEO envolvem muitas ações, desde coisas simples, como postar uma boa imagem, até ganhar 0,1 segundo no carregamento de uma página, o que pode ser muito difícil de conquistar. Mas por experiência eu citaria as mais relevantes, que hoje, e isso hoje, nesse momento, pode mudar no futuro.

1. Velocidade de carregamento

Hoje um dos principais parâmetros para ranquear seu site. **Um site considerado veloz para o Google, carrega suas páginas entre 2 a 2,5 segundos.** Você pode testar a velocidade do seu site e de seus concorrentes facilmente através de sites na internet. Em nossa empresa, a questão da velocidade está constantemente aberta para melhorias. O Google oferece também esse serviço gratuitamente pelo site: thinkwithgoogle.com.

2. Confiança

Na par te de confiança temos os aspectos do lado do cliente, de ele se sentir confiante e, por outro lado, da plataforma ter dispositivos de segur ança, que tem a ver com a programação. A primeira, diz respeito diretamente à cultura moral e ética da sua empresa, ou seja, como sua empresa se conduz frente ao cliente. Se você respeita as políticas preconizadas pela internet, se sua empresa é responsável, se existe gestão, ou seja, reflete o que sua empresa é.

A segunda parte, que também depende de você, mas que estará na plataforma, diz respeito a quanto seu site está preparado para não ser atacado, ou espionado, por exemplo.

Para conquistar confiança em seu site, nada melhor do que **deixar seus clientes contarem as suas experiências.** Existe hoje uma espécie de tribo na internet, que se defende, orienta e indica (ou não) um serviço on-line, e acho isso muito bom. Nada melhor que a voz do povo para julgar os serviços. Então é importante que você tenha em seu site um espaço para as pessoas avaliarem.

33

Eu gosto do **Google Avaliações,** que é gratuito, mas existem outras empresas que prestam esse serviço. Já da parte interna do site, da programação, o protocolo https já é básico, segurança de servidor e controle de acesso por robôs. Você terá que pedir ajuda a profissionais qualificados para implantar essas ações.

A dica aqui é focar em tudo que é simples, fácil e deveria ser feito, tanto se o negócio fosse físico como on-line. Tem coisas que não mudam, não importa em qual ambiente você esteja. Fazer as coisas corretas, dentro de padrões éticos, sempre valerão para qualquer meio.

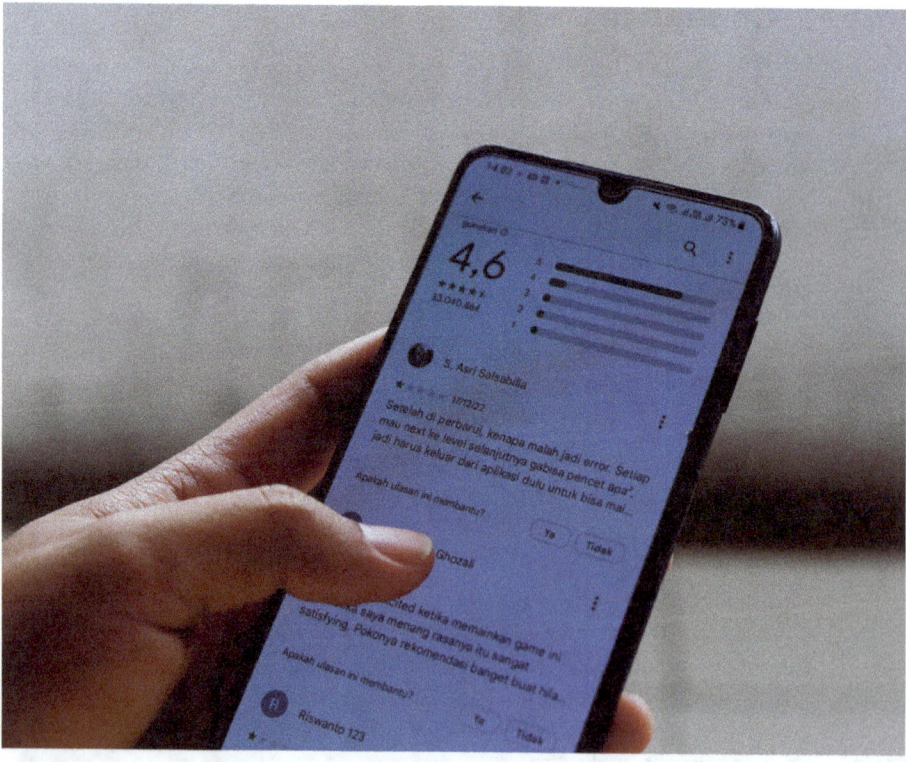

3. Pagamentos

Por mais que as formas de pagamento, ao longo dos tempos, sejam direcionadas para a facilidade, precisamos pensar em todos os públicos. Desde o sistema de troca-troca até o PIX, o público quer ter a opção de escolha. Hoje basicamente precisamos pensar em **três formas de pagamento: boleto, cartão de crédito e PIX.** Se o cliente chegou até a parte do pagamento, é preciso oferecer desde a forma mais tradicional de pagamento, como o boleto, até o mais "moderno" como o PIX, caso contrário, a chance de contabilizarmos mais um carrinho abandonado é grande.

Em nosso negócio testamos o parcelamento e faz bastante diferença. O Brasileiro, em especial, ainda vive muito a cultura do parcelado, mesmo sem trazer vantagens financeiras pelo desconto que a forma à vista poderia oferecer.

No nosso caso, absorvemos os custos do cartão e oferecemos o mesmo valor para o pagamento à vista, tanto no boleto como no cartão de crédito. Isso fez com que os nossos clientes fechassem mais compras.

4. Url Amigável

Em lugar de: www.meusite.com.br/09jofosd9fsd9fsd ❌

Você pode optar por: www.meusite.com.br/travesseirodeespuma ✅

A forma de apresentação, como na segunda opção, pode ser resolvida com um desenvolvedor.

5. Palavras-chave e Tags

Essa parte também diz respeito a como o Google vai lhe encontrar. Em parte, trata-se do que falamos anteriormente sobre **pensar nas palavras corretas para que o buscador as identifique.**

As **Tags, são sinalizadores,** que podem levar seus clientes a lhe encontrar. **Uma consultoria em SEO pode lhe auxiliar melhor nessas técnicas.**

6. Indicação por outros sites

Você se torna relevante quando outros sites, blogs ou serviços de internet lhe indicam. Seria um B2B interno, ou seja, **negócios indicando negócios.** Isso pode ser conseguido com parcerias ou por mérito. Além desse resumo, existem muitas outras ações e a cada dia surgem muitas outras.

Ecossistema funcionando

Muito bem, estamos no ar!

Ao longo desses 20 anos como gestor de E-commerce, e é bom que fique claro, não sou técnico, sou gestor de E-commerce, **criei processos e costumes para todos os dias.**

Logo pela manhã, em minha tela, estão abertas as abas de relatório de pedidos, Google Ads, Google Analytics, nosso BI gerencial, entre outros. Isso para cada um dos nossos sites. Recebo os relatórios do total de pedidos processados, as formas de pagamento adotadas e o total a ser faturado. **Pela movimentação do analytics já sinto a temperatura do site.** Fora isso, **a equipe técnica testa, todas as manhãs,** a simulação de frete, tempo de carregamento de páginas entre outros recursos do funcionamento da página.

Para nós ficou muito nítido que **a baixa de pedidos é,** salvo um fator externo como um feriado nacional, **um problema técnico em algum ponto do site.** Por isso afirmo que um E-commerce é uma coisa viva, como um ecossistema, onde tudo deve andar bem sincronizado.

Geralmente, a causa do não funcionamento é: ora uma **transportadora** que não responde à consulta do frete (isso no caso de usar API direto ao servidor), algo que tenha deixado o **site lento** (banner pesado, etc.), alteração recente em **campanha no Ads,** alteração de **preços** ou **outro aspecto em massa.**

Daí a importância de ter um acompanhamento de perto todos os dias, começar a sentir o seu negócio online, acompanhar diariamente. Trabalhe sempre para melhorar todos os aspectos, **sempre dá para fazer melhor, mais rápido e mais barato.**

A cada dia no ar seu site somará maturidade, isso também é levado em conta pelos buscadores, **o tempo de site também é fator de credibilidade,** e pode fazer muita diferença na sua relevância, o que também é chamado de **Autoridade de Domínio.**

Com tudo o que vimos até aqui, **você já tem muitos elementos para começar a agir no seu negócio.**

Agora vamos entrar nos pilares principais de um E-commerce. Eu vou te contar tudo o que vivi na prática, para que você não precise passar pelas mesmas experiências ruins que eu passei.

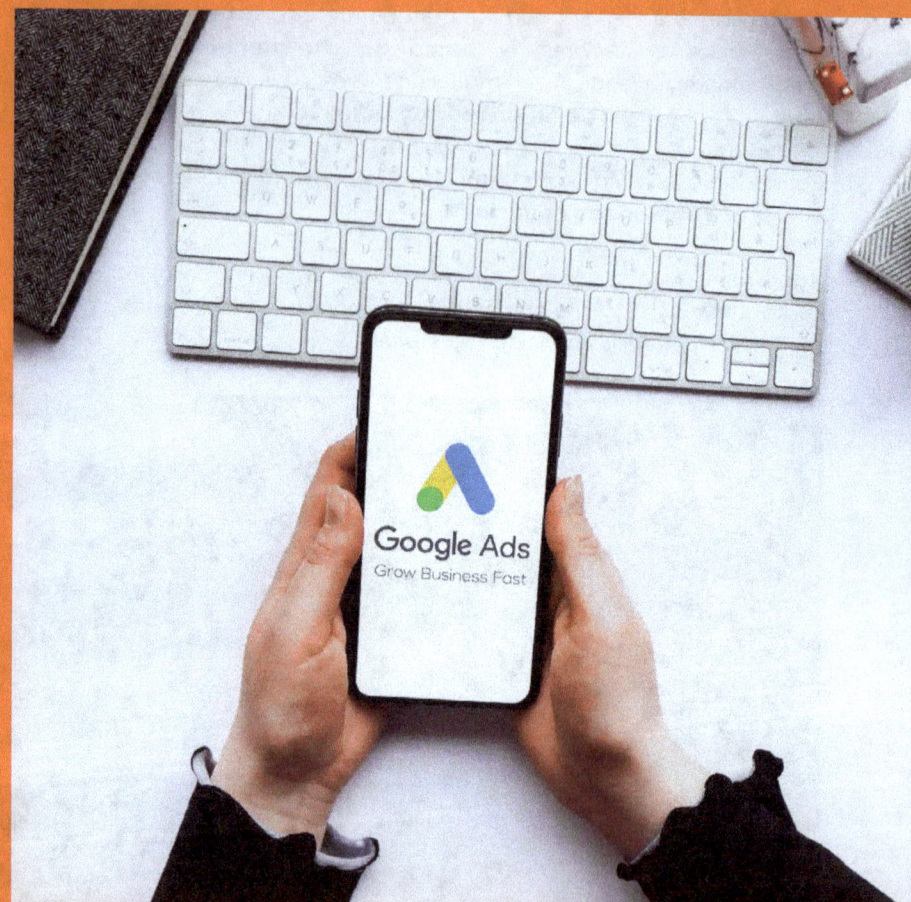

4
GOOGLE ADS

Há um tempo atrás escrevi que o Google era o novo Deus da internet. Eu sei que não é bom reduzir o nome de Deus para relacionar a algo que supostamente é decorrente dele, mas foi o que me surgiu no momento, não pensei bem naquela época, mas, em outras palavras, queria resumir que na atualidade tudo ou quase tudo que é digital passa por ele.

O Google virou sinônimo de internet, mas não podemos esquecer nunca, que, no caso do buscador deles, que geralmente chamamos de Google (mesmo sendo apenas um dos serviços que eles oferecem) é, na verdade, um intermediário de informação "apenas". Sim, porque o Google não cria conteúdo, ele faz a ponte entre quem criou e quem precisa dele, genial não é?

Hoje em dia, existem praticamente duas formas de se anunciar de forma paga seus produtos ou serviços: Google e Redes Sociais.

Aqui eu recomendo uma **análise de público-alvo.** Por exemplo: As buscas no Google geralmente são mais diretas, ou seja, o consumidor está procurando o produto, "precisa" comprá-lo, é quase um trabalho que ele precisa completar. Já nas redes sociais, pode-se trabalhar mais a sugestão de compra, ou seja, a pessoa está passando o tempo na rede social e sugerimos um item.

Nessa hora, vale a sua expertise no entendimento, digo novamente, do seu público-alvo. **Se o seu item não for essencial,** e é claro, passa pelo conceito do que é e o que não é essencial, me parece que **as redes sociais são um bom caminho.** Já **se o seu produto é algo de necessidade,** onde quem toma a ação é o cliente, **eu votaria pelo Google.** Falaremos no próximo tópico sobre minha experiência nas redes sociais.

Anunciando no Ads

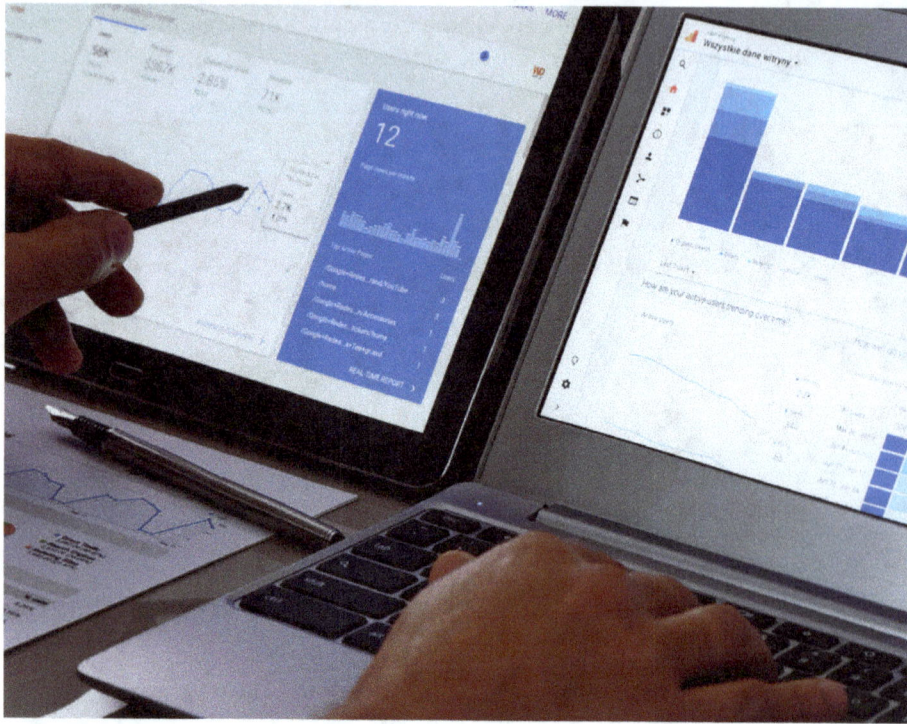

Usei praticamente todos os recursos do Google Ads, todos os tipos de campanhas ao longo desses 20 anos. **Nenhuma deu tanto resultado em termos de vendas de curto prazo, do que a modalidade Google Shopping.**

O Google Shopping, para quem ainda não conhece, **é aquele anúncio em que já aparece a imagem, com o nome e o preço do produto,** sem enrolação, **cada clique é uma grande chance de venda.** Na atualidade, **a modalidade Shopping adicionou mais gatilhos** além do comparativo, apresenta as avaliações das lojas, visualização da condição de frete grátis ou não, entre outros recursos disponíveis para fazermos a escolha.

42

Então, se o seu negócio é vender, Google Shopping. Se é ficar conhecido, pode utilizar outros tipos de campanhas, como de YouTube, entre outras, o que também gera vendas, obviamente, mas a longo prazo, através da divulgação da sua marca.

Bem, no nosso caso, a cada 30 dias precisávamos pagar as contas, e os resultados tinham que chegar "para ontem", então, fomos de cabeça no Shopping. Como eu disse, a revolução dos meus negócios iniciou-se com o Google Shopping, mas antes disso, havia um mundo de melhorias, e agora vocês vão entender o porquê de no capítulo anterior eu falar tanto de fazer o básico, de um bom cadastro, de uma boa imagem e outros aspectos.

O Google Shopping exige um mínimo de organização do seu negócio, já foi mais exigente, hoje parece um pouco menos: nível mínimo de qualidade da imagem, não conter escritas sobre a imagem, descritivo, estoque, preço real, entre outros.

Veja, tudo isso vem da base do negócio, do bom cuidado com a manipulação do nosso produto, não há nada de tão novo nessa forma de difundir seu produto, porque deveria ser assim no mundo físico também!

A relação de **preço e prazo** obviamente também faz muita diferença. Bem, uma vez organizados todos esses aspectos básicos de cadastro e regras de produtos, algo interessante vai acontecer: **a campanha vai vender seu produto,** sim, por mais que ele tenha um dos piores preços e o frete seja péssimo, ele vai vender, a grande diferença é quanto o Google vai lhe cobrar por isso.

Eu gosto de dar um exemplo simples:

Digamos que você tenha um produto "X" que tenha um péssimo preço de venda de R$ 10,00, que queira divulgar esse produto através de um panfleto físico e resolva imprimir e distribuir 1000 unidades, por um custo de R$100,00.

É bem provável que você faça uma ou duas vendas, e que esses compradores sejam pessoas desavisadas ou que não costumam pesquisar preços; tudo bem, você fez 2 vendas, obteve R$ 20,00 de receita a um custo de R$ 100,00. O seu CAC (custo de aquisição de cliente) é de R$ 50,00.

Digamos que o markup do produto tenha sido de 100%, duas vendas = R$ 10,00 de lucro bruto. Ou seja, nessa ação você recebeu 10 reais e gastou 100, contabilizando 90 reais de prejuízo.

Agora busquemos outro caso similar:

Digamos que você decida divulgar o mesmo produto "X", porém agora com um preço muito atrativo de R$ 8,00. Novamente, imprime os 1000 panfletos por 100 reais. Imaginariamente os mil clientes compram, fora os amigos que eles indicaram para também aproveitarem a oportunidade, e você tem 8.000 reais em receita. Agora seu markup foi menor, de 5 para 3 reais, mas você obteve um lucro bruto de 3.000 reais.

Como você pagou 100 - 3000 = 2.900 reais. Nós sabemos que na vida real não é como esse simples exemplo, mas a questão principal apesar de ser óbvia precisa ser dita: quanto pior for a qualidade do seu anúncio, no sentido de apresentação, preço, frete, credibilidade, etc, maior vai ser o custo para que ele seja vendido.

O contrário, obviamente, também é verdadeiro. Portanto, **cuidado com a base do seu negócio, esse é o segredo tanto do negócio físico quanto do digital,** trabalhe para obter um bom preço, um bom frete, uma boa apresentação, credibilidade e o "milagre" do deus Google vai acontecer.

Quanto investir no Google?

Eu recordo que logo no começo eu não fazia ideia do montante a ser investido e costumava pesquisar para ter uma ideia de quanto as outras empresas investiam nesse serviço, mas geralmente não encontrava uma resposta satisfatória.

Um dia encontrei um percentual que falava de uma forma mais ampla de se investir em marketing, que de certa forma aceitei, falava que o ideal seria entre 3 a 6% do faturamento total. Isso se chama ROI, que é basicamente o retorno pelo investimento. Mas em valores a coisa varia muito, desde quem investe R$ 300,00 por mês até quem está na casa dos milhões todos os meses.

Eu costumava dizer, que nosso investimento não teria limites, desde que acompanhasse o percentual de ROI desejado; nesse caso, eu investiria até 20 milhões.

Minha dica é começar com pouco, acompanhando, aprendendo. Só você conhece seu negócio a fundo para saber quanto pode investir. É preciso ter cuidado, porque muitas vezes, se você não limitar bem o gasto diário, você pisca o olho e o seu investimento mensal acaba em 30 minutos.

Aqui tem outro fator para ficar atento. O campo onde você limita o máximo de investimento diário, pasmem, pode dobrar! Isso mesmo, como os robôs do Google ainda não conseguem otimizar as ações em tempo real, esse valor pode dobrar, então, se você limitou em R$ 100,00 seu investimento diário, ele pode ir até R$ 200,00! Sim, é estranho, vindo do Google, aquele deus que falávamos, mas é isso.

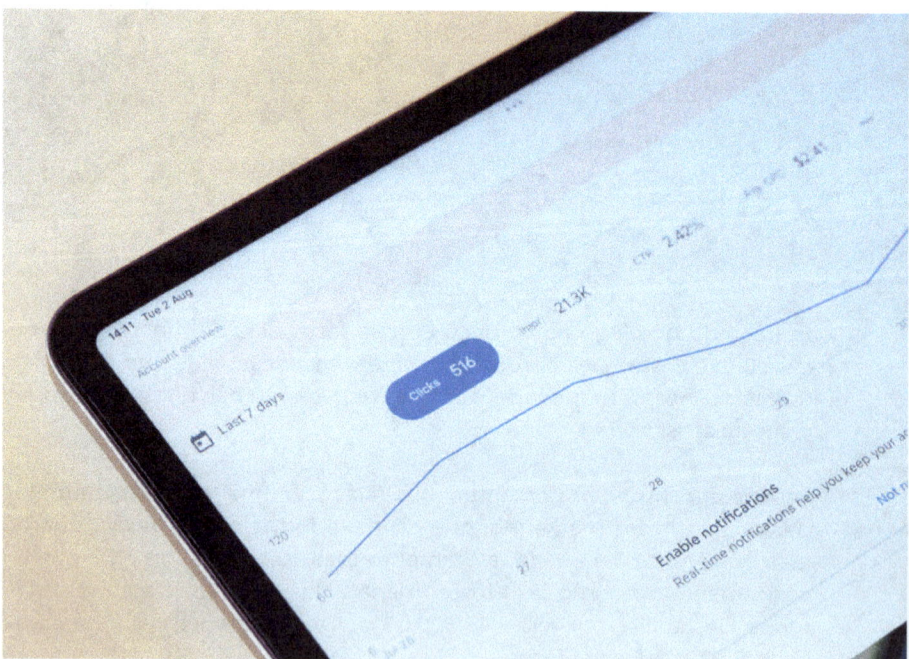

As ações de SEO, conforme falamos superficialmente acima, também faz em diferença nas ações pagas logicamente. Um site otimizado, bem organizado, vende mais fácil (caso panfletos).

O tempo de existência do site e da campanha também importa, o Google vai liberando a medida que vai pegando confiança no seu trabalho e aprendendo melhor o público alvo.

Hoje em dia é muito fácil criar campanhas, basta ir seguindo os caminhos sugeridos na plataforma, mas cuidado com muitas dicas a serem aplicadas sugeridas pelo Google, muitas delas não se aplicam ao seu negócio, e apenas rentabilizam o negócio deles.

É preciso ficar atento. Cada negócio tem particularidades, que é justame nte a sua parte, o seu diferencial, o que você faz de diferente, a sua pegada.

O grande segredo que quero lhe passar com as campanhas pagas, é de que não existem milagres, o digital é a externalizaçao do físico, então, tenha um bom produto, bons preços, boa logistica e trate os clientes com ética, que suas campanhas vão performar em alta frequência.

5
REDES SOCIAIS

No início da minha atividade, as redes sociais da época ainda não haviam encontrado as melhores formas de rentabilidade, e só depois de um tempo o Facebook iniciou os anúncios deles. De início, eu resumiria em uma grande bagunça, não era possível se entender. Os relatórios eram escassos e o retorno quase impossível de entender.

Iniciamos com impulsionamento, direto na página mesmo, de forma amadora, e recordo muito bem de uma experiência, onde eu impulsionei um tipo de eletrodo para eletrocardiograma. Investi um valor e logo havíamos alcançado umas **200 curtidas.**

Como eu não tinha estratégia nenhuma por trás da ação, e o Facebook não me ajudava nos relatórios, não faço a menor ideia do resultado disso, mas algo me chamou atenção. Como não sou de rasgar dinheiro, como é também o seu caso, pois somos os donos, ou seja, a fonte do dinheiro, me aprofundei um pouco no caso.

Passei de uma por uma as 200 curtidas e logo de cara, achei estranho, e a imagem que mais recordo é a de um menino, de talvez 14 anos, com boné virado na cabeça, que havia curtido o produto. Pensei comigo, tem algo muito estranho aqui, não era, nem de longe, um potencial interessado em eletrodos para eletrocardiograma!

Entrei em contato com uma amostragem de 10 dessas "pessoas", e o resultado foi: das 10 , apenas 4 responderam e ainda manifestaram não saber do que se tratava o produto e que não se recordavam de ter realizado a ação! Naquele dia risquei o Facebook da minha lista de investimentos.

Mais tarde, convencido por uma agência, retornamos com investimento no Face/Instagram, agora, já pela par te mais profissional deles, os relatórios já eram melhores, e estávamos investindo um bom valor. Bem, os relatórios retornavam com um bom ROI, até acima dos do Google, então quando eu estava quase empolgado, voltei a investigação e descobri que o Face/Insta me informava que eu havia vendido R$ 100 e o Google outros R$ 100, mas quando eu via o meu relatório, real, o número era R$ 150.

Como eu gosto de **acompanhar os indicadores em tempo real, e geralmente de mais de uma fonte,** eu tenho uma tendência a confiar mais no Google.

Por exemplo, **os acessos instantâneos mostrados pelo Google Ads e Google Analytics sempre batiam com o número de usuários do chat do site, já os do Facebook não.**

Outra situação é o chamado **funil de vendas,** ou seja, **mais ou menos o caminho que o cliente faz, a trajetória para ele finalmente realizar uma compra em seu site.** De um lago o Google informa que a venda é dele e o grupo do Facebook puxa para seu lado.

Ferramentas mais modernas, conseguem clarear um pouco melhor esse bolo todo, porque o cliente pode ter visto o anúncio no Instagram, depois ser impactado por um display do Google, e depois pode ter clicado em um anúncio do Google Shopping para realizar a compra.

Então a presença em todos os ambientes "é importante", mas é péssimo em termos de gestão, porque você entrega seu dinheiro para esse bolo, sem poder muitas vezes medir ao certo qual a ferramenta mais efetiva e objetiva. Para resumir, **confie apenas nos seus relatórios internos, no dinheiro que sai e no total de vendas que entram, nunca abra mão deles, eles são a sua verdade!**

Bem, pela minha experiência, volto a falar o que eu já disse na introdução: **é preciso avaliar seu público alvo, onde ele está? Que tipo de produto eu vendo?** Vejo que uma cadeira de rodas, por exemplo, não é um produto para redes sociais. No entanto, para um lindo colar, pode ser perfeito anunciar nas redes sociais!

Mas veja bem, vamos usar o caso da cadeira de rodas. Bem, quase ninguém está lá navegando nas redes sociais e visualiza um anúncio de cadeira de rodas e pensa, nossa, esse preço está bom mesmo, vou comprar uma se um dia eu precisar!

Não, isso não vai acontecer, mas, por outro lado, ela pode recordar de uma pessoa que necessite, ou ainda, essa informação pode voltar a sua mente se no futuro ele ou alguém necessitar. Bem, mas esse ficar na "memória", para mim, custa muito caro, e no dia que ele necessitar da cadeira, ele vai direto no buscador do Google e vai comprar diretamente no Google Shopping, dificilmente vai recordar que um dia viu um anúncio de cadeira de rodas em outro canal.

Já no outro caso, por exemplo, de um colar, é coisa de gosto, que toda pessoa pode vir a querer, sem necessidade direta, é a compra por impulso, pela identificação com o produto, pela sensação de ser a única oportunidade para obter aquele item específico.

Por isso, na hora de escolher o canal, **perceba com qual ânimo seu cliente se encontra para receber o anúncio do seu produto.**

Quanto às redes sociais, existem hoje inúmeros canais como Pinterest, Twitter, TikTok, entre tantos outros. Mas **70% estão nas mãos do grupo Meta e Google.**

Ainda, existem as formas antigas, de mídias tradicionais. Funcionam, a meu ver, de duas formas: local ou nacional. O meio-termo disso, não é proveitoso, a meu ver, sem contar que o custo é altíssimo, e **você consegue muito mais retorno (ROI) investindo no digital.**

Penso que a televisão aberta está decadente, já o rádio, falando de forma regional, ainda me parece uma boa alternativa, já que muitas pessoas querem ser surpreendidas por uma programação aleatória, ou uma mensagem de alguém ao vivo.

Obviamente existem ainda outras formas menos comprovadas, mas que podem surpreender seu negócio que não citei aqui, e nesse momento mesmo, outra ferramenta deve estar sendo lançada, por isso **estar sempre atento às tendências é extremamente importante.**

6
LOGÍSTICA

Preço e Frete, as duas maiores questões a serem resolvidas no E-commerce. Se você resolver essas duas questões, 80% do seu negócio está resolvido.

Iniciamos nosso negócio de E-commerce longe de todos os grandes centros logísticos do país, e por mais que negociássemos o frete ao extremo, dado o volume de pedidos expedidos na época, o custo ainda ficava muito alto.
O resultado natural eram as reclamações e o abandono de carrinhos. Os preços eram atrativos, mas **o que fecha o negócio é o frete!**

Baseado nessa experiência, sempre nos perguntávamos se o ideal não seria mudarmos para os grandes centros e nos tornarmos mais competitivos logisticamente falando, mas então vinham as vantagens dos pequenos centros, que precisamos pôr na balança.

Se por um lado, nos grandes centros temos uma logística otimizada, por outro lado, o custo da operação sobe expressivamente. Aluguéis, deslocamento, custo e disponibilidade de mão de obra são um desafio.

Existe ainda um outro fator que considero fundamental: **a qualidade de vida dos colaboradores.** Não há dúvidas que a integridade mental de quem leva 5 ou 10 minutos para se deslocar da sua casa até o trabalho é diferente de quem leva 4 ou 5 horas!

Imagine, um colaborador que tem a possibilidade de almoçar com a família, não passar pelo stress do trânsito, ter tempo para o lazer, esportes ou dormir mais tempo. Não tenho dúvidas que uma equipe com essa realidade rende mais, e tem um nível de engajamento maior do que a outra. Esse é um elemento decisivo em muitas realidades empresariais.

Bem, mas entrando no tema específico, encontrar parceiros logísticos que façam diferença tanto em preço como em qualidade é essencial para um comércio eletrônico. O Brasil é um país continental, o que é muito bom por um lado. Existem muitos clientes em potencial, mas por outro, as longas distâncias trazem consigo uma dificuldade, tanto em tempo como em risco de avarias. Então, sendo muito prático, **você precisa ir em busca de um parceiro logístico conforme sua realidade.**

De forma geral as transportadoras se organizam por especialidades, algumas atuam no B2B, outras no B2C, outras são mais voltadas ao E-commerce, outras em grandes volumes. É preciso encontrar a que preencha a maior parte das suas entregas. Antes de sair em busca, avalie 4 situações:

- → **Quantidade de Pedidos Expedidos;**
- → **Volume dos Pedidos Expedidos;**
- → **Região de Abrangência;**
- → **Cliente Final.**

Quantidade de pedidos expedidos

Se você está dando os primeiros passos no comércio eletrônico e não possui demanda de expedição no negócio físico, você provavelmente não vai começar expedindo uma grande quantidade de pedidos, o que via de regra dificulta uma boa negociação com as transportadoras.

Para essa questão, existem soluções no mercado, com as **plataformas de frete,** ou seja, empresas que contratam diretamente as transportadoras e "revendem" seus serviços para clientes menores. Ou seja, a **somatória de pequenos clientes gera volume suficiente para gerar grandes negociações.**

A plataforma compra no atacado e vende no varejo. Essa é uma boa modalidade para pequenos E-commerce, que ainda não atingiram um volume ideal para negociar diretamente com as transportadoras.

Assim que você atingir um certo volume de encomendas, recomendo a **contratação e negociação direta,** porque, por mais atrativa que seja uma plataforma, ela ainda é um atravessador, e você pode conseguir melhores preços diretamente.

Volume dos pedidos expedidos

O volume dos pedidos expedidos também importa na hora de escolhermos uma transportadora. Existem as empresas que são especializadas em entregas de mão, **pequenos volumes,** já outras, se especializaram em **volumes maiores** e cada uma com condições de preços e prazos que se adaptam mais a sua especialidade.

No nosso caso, **despachamos as duas modalidades,** o que nos fez fechar parceria com os dois segmentos.

Região de Abrangência

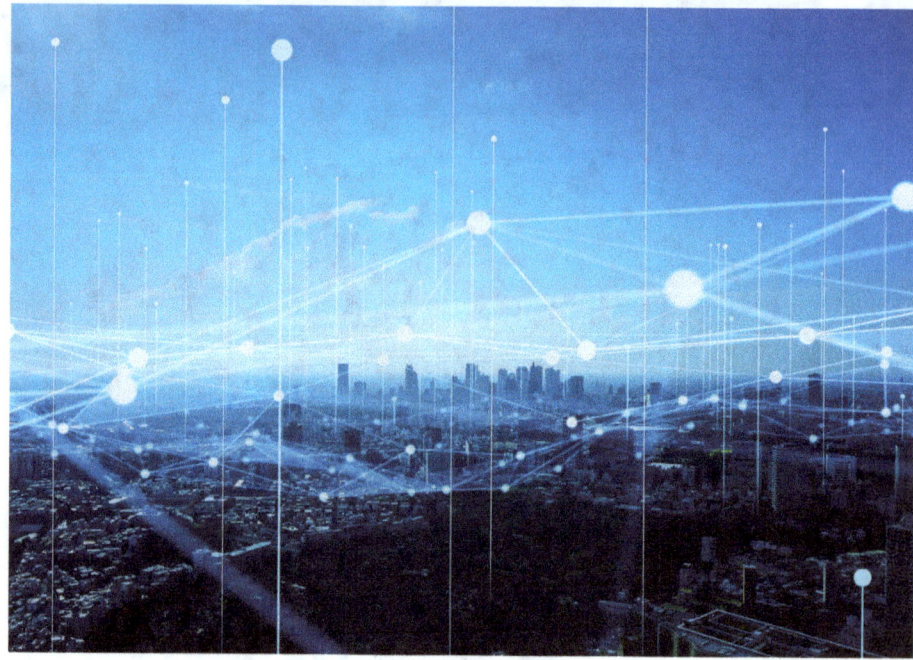

Existem muitas transportadoras regionais, que muitas vezes se sobressaem em penetração e velocidade, conseguindo vantagens sobre as de abrangência nacional. Muitas vezes também a **proximidade e o conhecimento regional** são fatores determinantes para uma boa entrega.

Cliente Final - B2B ou B2C?

Outra segmentação que algumas transportadoras fazem é ao que diz respeito ao consumidor final, que pode ser uma dona de casa em seu décimo primeiro andar ou um supermercado aberto 24 horas por dia. **A dificuldade da entrega pode ou não encarece-la.**

Mas você deve estar se perguntando: **então logística é só isso? Encontrar a melhor transportadora?** Um especialista em logística poderá lhe dar uma resposta bem mais elaborada, mas posso dizer que **a logística começa com a saída da mercadoria do seu fornecedor, passando pela melhor armazenagem do seu produto até chegar no seu destino.**

Se você ficar sem o seu produto por 1 ou 2 dias pelo tempo de entrega do seu fornecedor, seu faturamento cai, e isso tem a ver com uma boa estratégia logística.

7
NEGOCIAÇÃO COM TRANSPORTADORES

O **melhor argumento** que podemos oferecer a uma transportadora na hora de negociar é **demanda, volumetria.** A maioria das transportadoras já tem seu custo fixo predefinido, e algumas encomendas a mais só vem a engordar sua receita.

Mas como negociar volumes maiores se ainda não os possuo?

Faça parcerias, prometa resultados em um determinado tempo. Eu costumava fazer a seguinte proposta: **em três meses sairemos de uma volumetria X para Y, em troca de um custo menor.** Se isso não ocorresse, eu autorizaria a rescisão do contrato.

Obviamente que junto a essa negociação, havia um atributo de que se eu vendesse mais eles venderiam também, e que juntos seríamos uma força, que deveríamos nos ajudar mutuamente.

O resultado dessa negociação, é que ninguém me procurava depois dos três meses, e naturalmente as vendas subiam, gerando maiores volumes, talvez não os que foram prometidos, mas muito próximos. Passado um tempo, era hora de uma nova rodada de negociações, agora, já com uma volumetria maior do que a anterior, e assim subsequentemente.

Se você está em um grande centro, o custo do frete já é naturalmente mais baixo, já em centros menores, a justificativa é fechar cargas para os grandes centros. Via de regra, as transportadoras sempre estão dispostas a negociar um pouco mais. Recomendo que a cada seis meses ou a cada ano, você renegocie todos os seus fretes.

8
TERCEIRIZAÇÃO-FULFILLMENT

A **terceirização logística** é uma prática comum nos dias de hoje. Como empreendedor, percebo a importância de focar ao máximo no que é essencial para a empresa, venda e estratégia. A expedição geralmente é o maior setor da empresa, com o maior número de pessoas trabalhando. Não é simples liderar tantas pessoas, e fazer com que tudo ande da melhor forma possível.

Da expedição, sai o cartão postal da empresa, é a forma materializada do que somos. Na minha opinião, o Fulfilment funciona muito bem para negócios com um mix pequeno de produtos, principalmente de alto valor agregado.

No nosso caso, oferecemos um mix de mais de dez mil itens, o que gera uma "pega" muito grande, e alguns desses serviços podem cobrar por pega, por item, por local de armazenagem, etc. Ou seja, quando o mix é muito grande, o custo operacional do terceirizado fica muito alto, e consequentemente para você também.

Outra situação que todo o empresário conhece, é que nunca as coisas são como prometidas, não existe nada 100% garantido. **Terceirizar não quer dizer uma vida livre de problemas.** Claro que uma empresa especializada possui uma capacidade provavelmente maior do que uma empresa genérica, mas isso não é garantia nenhuma de que você não terá que interferir em algumas questões.

9
CENTRALIZAÇÃO X DESCENTRALIZAÇÃO

Outra dúvida que começa a aparecer à medida que o negócio vai crescendo é se o negócio mantém a centralização ou descentraliza seus centros de distribuição. Como sempre, temos prós e contras, do contrário seria fácil escolher.

A centralização, como o próprio nome diz, centraliza todos os seus produtos em uma única base, otimizando sua expedição e deixando todo o mix disponível e de fácil controle, já a descentralização, faz com que alguns produtos espalhados possam perder sinergia no que diz respeito a quantidades e mix.

Por exemplo, se o cliente adquirir 3 produtos, corremos o risco de ter um em cada centro de distribuição, o que dificultaria a logística, diferente se os três estivessem em um mesmo lugar. Óbvio que por trás dessa descentralização são realizados movimentos estratégicos, curva ABC entre outros, mas, sempre sobrará alguma situação não otimizada de algum nível.

9
PAGAMENTOS

Os pagamentos, via de regra, não serão um problema até você atingir uma determinada escala, quando eles começarão a levar algumas fatias mais generosas do seu faturamento. Hoje em dia existem muitas plataformas que oferecem a maioria das **formas de pagamento integradas,** semelhante às plataformas de fretes, que juntando vários clientes, acabam por gerar um volume que dá possibilidade para boas negociações, fazendo jus ao velho jargão do "junto somos mais fortes". Ocorre que isso funciona até você ter um certo volume de faturamento, depois disso, as negociações individuais, sem atravessadores tendem a ser mais vantajosas. **De tempos em tempos, revise e calcule essa diferença.**

As integrações de pagamento são sempre por API, ou seja, através de uma ponte entre o seu site e a instituição financeira, tornando obviamente a transação toda on-line. Aqui é importante você ficar atento a alguma API que pode não funcionar por algum motivo, seja ele por um problema no servidor do seu prestador de serviço, na rede externa, ou ainda na sua. **Essa parada despercebida, pode deixar de oferecer um determinado serviço financeiro (forma de pagamento) e vai interferir na performance do seu E-commerce,** por isso a importância dos testes diários e, se possível, utilizar uma ferramenta que faça esses testes por você. Na nossa realidade inicial, fazíamos um pedido em nosso nome pelo menos uma vez por dia.

Atualmente, o PIX é a forma de pagamento que vem ganhando mais notoriedade, pela velocidade. As pessoas nutrem dentro de si uma pressa para ver o processo funcionando, formas como o boleto pré-pago, por ainda ter um delay de tempo, geram uma certa frustração de espera. Estar sempre à frente, oferecendo todas as formas de pagamento possíveis, é um passo importante para baixar os níveis de abandono de carrinho.

No final desse processo, o ideal é que você possua suas próprias bandeira s de pagamento, a bancarização do seu negócio é um passo quase que inevitável após um certo tamanho, reduzindo bastante os custos variáveis, mas, não é uma escolha fácil, porque você acaba por assumir mais uma peça do xadrez, o que pode tirar o foco no principal: **as vendas!**

Quanto aos parcelamentos, no Brasil temos a **cultura do 10x,** mas isso nem sempre é uma regra. Ela geralmente **se aplica a produtos permanentes, como aparelhos e equipamentos, já produtos de consumo dificilmente necessitam ser parcelados em mais de 3x.**

Isso é muito importante para que você **mantenha o fluxo de caixa da sua empresa em dia.** Essa velocidade das ações, que um E-commerce oferece, é outro aspecto maravilhoso: você dispara um comando e passa imediatamente a oferecer formas e condições de pagamento diferentes.

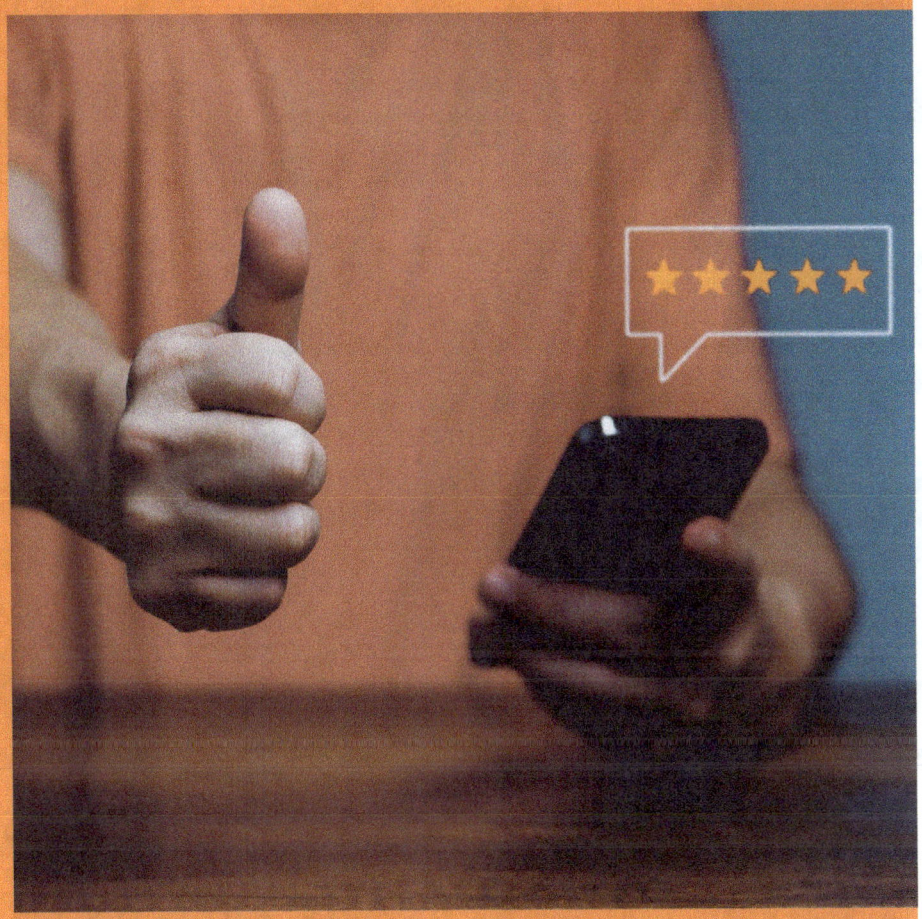

10
CONFIABILIDADE

A confiança vem obviamente com o tempo, com a entrega, mas você também pode dar uma forcinha nos primeiros períodos de atividade. **Deixar as informações fundamentais bem à vista do cliente, com imagens reais é sempre um bom caminho.**

As ferramentas de análises como **Google Avaliações e Reclame Aqui,** entre outras, são bons medidores, porque eles **partem dos clientes e não do negócio,** logo, tenha sempre essas ferramentas atreladas ao seu site.

Por mais que você inspire confiança em seu site, ela inevitavelmente é um sentimento oriundo do cliente, como não poderia ser diferente, mas sempre que possível, **use marcas que você revenda ou alguma estrutura como associação,** isso pode lhe ajudar, mesmo que, como sabemos, **só com um trabalho sério e com muito tempo, seu E-commerce será realmente reconhecido como confiável.**

Não se preocupe com uma ou outra má avaliação, pelo contrário do que as pessoas pensam, **ter reclamação é sinônimo de estar vivo,** não existe uma empresa que não tenha tido nem sequer uma reclamação em sua história, pelo contrário, **a falta de reclamações pode gerar dúvidas a respeito da real existência do negócio.**

Essa é uma parte interessante, porque a nossa empresa passou por isso. Tínhamos na época tão poucas reclamações, porque dificilmente deixáva mos o problema chegar a essas plataformas de avaliações, o que fazia com que nossos indicadores caíssem, sim, por falta de reclamações.

Por mais que vivamos em temos tidos como modernos, o "boca a boca" como chamávamos no passado, ainda é válido no presente, mesmo que agora seja através da rede e de forma muito mais ampla e rápida. Nada como seu próprio cliente lhe indicar, esse é realmente o crescimento estruturado que toda empresa quer.

Usar os selos da estrutura também passa confiança, então **deixe seu rodapé com os principais selos de confiança que você possua, junto a todas as suas redes sociais, que devem estar sempre atualizadas.**

Mantenha banners e aparência do seu site sempre atualizada com o que está ocorrendo no mercado, **um site que não atualize seu layout, é um site que não inspira confiança.** Mas calma, pois mais importante que seja a confiança, deixa eu te relembrar de um fato. Lá pelo ano 2017, começaram a chegar os primeiros E-commerces chineses no Brasil. Eles eram mal traduzidos, confusos, não garantiam nada e tinham uma logística que indicava três a seis meses para entrega. Ou seja, **um total cenário de desconfiança, de falta de credibilidade.**

73

Mesmo assim, **hoje, depois de três ou quatro anos, eles figuram entre os sites que mais faturam em nosso país,** por um fator primordial para a maior parte dos brasileiros: **O preço!** Nada supera esse grande diferencial, e **mesmo que possuamos o E-commerce mais confiável do mundo, se não tivermos preço, teremos dificuldades em vender.**

Para resumir, eu lhe digo: **faça tudo para conquistar credibilidade,** mas não pense que esse fator isolado será um grande diferencial, recorde sempre dos sites chineses nesse momento, **e busque diferenciais estruturados, como preço e frete.**

74

11
AGÊNCIAS

O primeiro passo antes de contratar uma agência digital para que ela realize a gestão das suas campanhas digitais, é **saber o que você espera dela.** Na atualidade as agências acabam por assumir boa parte da estratégia, o que tem dois lados: a parte que lhe tira todo o trabalho de pensar e estruturar o marketing do seu negócio e a outra que, por deixar você menos envolvido, gera dependência.

Na minha opinião, **as agências podem auxiliar, mas jamais assumir o controle e direcionamento do seu negócio,** ou seja, quem dita o orçamento e o direcionamento deve ser você sempre, até porque existe algo que poucos sabem: o conflito de interesse. Sim, as agências via de regra recebem comissões dos veículos como Google e Meta, um comissionamento sobre o valor que você está investindo, e aí, entra a ética.

Agora imagine uma agência que está com sua condição financeira complicada, qual é a chance de ela não aumentar artificialmente o investimento para receber uma comissão mais gorda? Mas sim, existem agências muito éticas, mas o mais importante é ficar atento.

Outro detalhe é trocar de tempos em tempos as agências, porque chega um momento que os insights acabam e nada de novo passa a acontecer. Eu mesmo me vi muitas vezes mais no papel de repassador de insights e em alguns momentos me senti até trabalhando para a agência.

Meu conselho é: **contrate, mas aprenda com elas!** Em tudo o que você fizer, entre para aprender, não para repassar a responsabilidade, colha tudo o que for possível, isso lhe deixará menos dependente de serviços externos, porque uma coisa você pode ter certeza, **ninguém vai cuidar do seu negócio como você cuida.** Talvez um dia, entremos na era do **marketing de risco,** onde o marketing vai ser vendido pelo êxito das suas campanhas, ou seja, assumindo os ônus e bônus das suas ações, ganhando ou perdendo como empresário. Nesse dia teremos menos anúncios de promessas, e mais profissionais responsáveis atuando.

12
SAC

O SAC, Serviço de Atendimento ao Consumidor, acabou, ao longo dos anos, virando **sinônimo de PÓS-VENDA,** ou seja, serviço que recebe as reclamações. Isso é um indicador ruim ao meu entender de atendimento, porque o "atendimento" só entra mesmo para remediar, e não para antecipar o problema.

Além do mais, o problema nunca é o pós-venda, ele é apenas um indicativo de tudo o que está dando certo ou errado nos outros setores e, por mais que você tenha a melhor equipe de pós-venda, se sua empresa como um todo não funciona, a ajuda deles será limitada.

Os problemas devem ser solucionados nas causas (setores), pois o pós-venda é apenas a consequência das causas.

A maioria dos empresários que inicia um serviço de E-commerce, é primeiramente impactado com as regras que são aplicadas a esse tipo de negócio, principalmente no que diz respeito à relação com o cliente. Veja alguns exemplos:

- **devolução sem justificativa em até sete dias corridos com custos de frete por sua conta;**
- **produtos que retornam dessas devoluções com sinais de manipulação;**
- **reclamações que ganham escala através das redes;**
- **atrasos ou avarias de transportadoras que recaem sobre sua empresa;**
- **tantas outras situações.**

Será preciso adaptar-se para permanecer, mas acima de tudo, você precisa estar pronto para gerir todos esses custos.

Diferente de um negócio local, agora você precisará reservar recursos para essas demandas, colhendo estatísticas e adicionando esse custo ao seu resultado. Imagine um E-commerce do Rio Grande do Sul realizando uma venda para o estado do Pará, de um item de baixo valor, com um frete que custe três vezes mais do que o produto.

Após inúmeras reclamações sobre o tempo de transporte, o cliente resolve devolver a mercadoria. Você solicita coleta pela logística reversa (logística reversa é um grande problema, porque a maioria das transportadoras não faz e as que fazem costumam demorar) que demora, enquanto o cliente reclama que não recebeu seu dinheiro de volta no Reclame Aqui e em todas as suas redes sociais, dizendo que sua empresa não é confiável e não recomendável.

No final dessa história, você usou um tempo muito grande da sua equipe de SAC nesse atendimento, teve uma despesa de logística reversa três vezes maior que o produto vendido, teve sua imagem depreciada nas plataformas de reclamação e nas suas próprias redes sociais e no final ainda devolveu o dinheiro para o cliente.

É nessa hora que a coisa fica complicada e, se você estiver começando, a chance de desistir é muito grande. Por isso é sempre bom analisar todas as situações com antecipação, fazendo as **perguntas que são relevantes como para esse caso:**

? *Pelo meu ticket médio, é interessante vender para um estado muito distante?*

? *Com quais transportadoras eu posso contar com a logística reversa?*

? *Quando essa situação ocorrer, qual será o procedimento padrão que evitará as reclamações desses clientes?*

? *Etc.*

Tem uma parte também inevitável, que é a parte do cliente. Reserve uma parte das reclamações aos clientes que você nunca irá contentar, porque as razões pelas quais estão reclamando não estão diretamente relacionadas à compra, mas por outros aspectos da sua vida que acabam por recair sobre a sua percepção.

Para esses, **você pode dar tudo e ainda não será o suficiente,** logo, tente não se suscetibilizar demasiadamente com eles.

Um SAC deve ser preciso, direto e ter na mão as ferramentas para resolver o problema do cliente. Por isso, é importante ter todos os procedimentos já pensados e a mão das pessoas que desempenham este papel. O problema sempre serão os terceirizados, como é o caso dos transportadores, onde seu pessoal interno não conseguirá interagir de forma efetiva, então, para isso existem **algumas dicas:**

→ Defina um tempo máximo para os atrasos dos pedidos, enviando imediatamente outra remessa após esse tempo, informando o cliente, depois trate o pedido em atraso;

→ No caso de avaria, solicite quando possível imagens das mercadorias avariadas, e envie quando possível apenas os itens de reposição, não aguardando a devolução de todos os itens;

→ Procure oferecer um nome de confiança, uma pessoa que vai ficar responsável pelo caso, e **todos os dias mantenha o cliente informado,** para que ele saiba que existe alguém com muito interesse em seu caso.

Tanto no digital como no físico o atendimento sempre é primordial, e é um indicador importante principalmente a longo prazo. **Cada cliente perdido por um mau atendimento é um cliente que não volta mais e que pode levar vários com ele.**

No final, é fazer as coisas corretas, pense sempre na frase **"e se fosse comigo, como eu gostaria que agissem?"**. Sempre ofereci essa frase para minha equipe, e é assim que sempre atuamos.

Outro fator importante é o tempo disposto para os atendimentos. Cuidado com horas e horas ao telefone ou chat com cliente que oferecem pouco retorno. O mercado está cada vez mais competitivo, e o diferencial geralmente fica no custo, então nada de ficar meia hora pendurado ao telefone, principalmente com cliente com uma baixa projeção de retorno e recorrência.

Se seu ticket médio é baixo, você não tem tempo para ensinar o cliente a comprar pela internet, por mais que isso pareça algo legal a ser feito, pode levar seu negócio à falência. **Foque suas energia nos seus clientes-chave,** aqueles que realmente fazem diferença para seu negócio.

Mantenha sempre a comunicação com sua equipe de SAC, melhorias no sistema, mudança de regras. É fundamental que eles estejam sempre inteirados com essas alterações, por motivos óbvios.

Cuide também do ambiente mental dessa equipe, são eles que acabam absorvendo boa parte dos problemas das empresas.

12

PLATAFORMAS PARA E-COMMERCE

Atualmente o mercado oferece inúmeras opções de plataformas de E-commerce, umas mais elaboradas, outras mais simples, limitadas. Em nossa, como já mencionamos, no início partimos através de uma plataforma terceirizada, inclusive, na época, nem o domínio podia ser próprio (nomesite.nomedaplataforma.com.br), como se fosse um subdomínio. Mas os anos passaram e as opções melhoraram, **hoje você consegue contratar uma plataforma e pôr um site no ar no mesmo dia, com variações das formas de pagamento;** algumas são por percentual de vendas e outras por assinatura mensal.

1. Plataforma por percentual

As plataformas que cobram por percentual acabam sendo **um bom negócio no início do seu projeto,** já que existe uma tendência a vender menos no curto prazo. No longo prazo podem ser um grande problema, pela dependência que já criaram na sua organização, especialmente pela grande fatia que acabam levando do seu faturamento, ainda mais que **existe uma tendência natural das margens diminuírem conforme aumenta seu faturamento.**

2. Plataforma por assinatura mensal

Essas plataformas **geram um custo fixo já nos primeiros tempos do site,** mas tendem a terem seus valores minimizados à medida que você vai vendendo mais. A atenção aqui fica nos planos, geralmente limitando o número de produtos ou clientes ativos, número de pedidos, entre outros. **Atente para conhecer o melhor plano, para não cair em armadilhas futuras.**

3. Plataforma Própria

Quando você escolhe por desenvolver uma plataforma, baseada geralmente em um modelo básico existente, **você escolhe ter nas mãos todo o ônus e bônus que essa escolha pode oferecer.** Em nossa história, após passarmos por duas plataformas terceirizadas, decidimos desenvolver a nossa própria, já em uma linguagem futurista e com total sinergia com a inteligência artificial.

Os desafios são imensos, principalmente sobre os testes, já que existem limites quanto ao número de usuários e de experiências. **A parte positiva fica na velocidade com que você consegue implementar as melhorias e inovações.** Os custos se equivalem, porque o que você não precisará desembolsar com a plataforma, terá que investir na sua equipe de desenvolvimento.

Cada empresário vai saber a melhor forma de atuar frente às plataformas, mas o que sei é que os grandes negócios tendem a ter a sua própria plataforma, centralizando principalmente as ações que geram diferenciais competitivos.

Marketplace

Faz pouco tempo que um empresário me ligou para que eu indicasse um integrador de marketplace. Aproveitou e me perguntou se eu achava que valia a pena entrar nos marketplaces. Eu respondi, depende, e depende mesmo. Depende muito do nível de organização do seu negócio, como funciona o seu backoffice, suas margens, sua variedade de itens, entre outros fatores.

Iniciamos nossas atividades nos marketplaces em 2009, aproximadamente. Tudo programado, integração ok, percentuais calculados, nada tinha escapado, era emitir nota fiscal e depois do período com os descontos das comissões, o dinheiro estaria pronto para ser baixado em nossa conta. Só que não foi assim que aconteceu. Conhecemos um mundo totalmente avesso a isso, confusão, desorganização, falta de padronização. Resultado, nosso financeiro estava prestes a pedir demissão, porque as faturas que não fechavam acumulavam-se aos milhares.

Interrompemos a operação por aproximadamente 2 anos. Retornamos com um integrador, que prometia que tudo agora seria diferente, integrações que garantiriam a relação de nota fiscal emitida, e fatura devolvida exatamente conforme programação de comissões, etc. Passado alguns dias, as mesmas situações se desenrolaram, e novamente a desorganização era geral.

Acabei me conformando que o marketplace funciona para pequenos comerciantes, que conseguem ter um controle mensal sobre o que vendem, com um número limitado de produtos, ou para quem adquire um container de guarda-chuvas por um milhão, põem-se a vender e, se no final de tudo, tiver recebido 1,2 milhão, está no lucro. Agora, se o seu negócio, como o nosso, é daquele que a fatura precisa corresponder exatamente a sua contrapartida, até o momento, ainda não existe uma solução adequada.

Tem outro aspecto do marketplace, que todos devem saber. **O marketplace só divulga a ele mesmo, você nunca conquistará um lugar ao sol por seu E-commerce,** o nome do seu site não será lembrado, e a cada dia estará mais longe desse objetivo. Entendo que os marketplaces vieram para auxiliar pequenos lojistas a agilizar seu ingresso no mundo digital, e isso é muito bom, mas o modelo em si, para grandes negócios, é difícil de operacionalizar, devido às altas taxas que variam entre 14 a 18% do faturamento bruto.

Agradecimentos

Muito bem, agora você está em melhores condições para enfrentarmos os desafios que todos os dias o mundo do E-commerce nos oportuniza, sabendo que amanhã novas tecnologias, conceitos e práticas estarão batendo a nossa porta.

Ninguém nunca estará absolutamente pronto, é preciso dar o primeiro passo e seguir sempre aprendendo. Eu espero que com esses conhecimentos você nutra a confiança no seu interno para dar esse primeiro passo, seja rumo ao seu primeiro projeto de E-commerce ou em direção as inovações no seu projeto atual. O E-commerce é um mundo maravilhoso, que pode nos proporcionar enormes ganhos financeiros, amplitude a nível mundial, otimizar o tempo e qualidade de vida, basta fazer da forma correta. **Siga em frente!!!**

Quero agradecer imensamente ao meu sócio Laerte Copetti e sua esposa Luciane Copetti, por terem sido fundamentais para que tudo isso pudesse ter sido possível, sem eles nada existiria. A minha esposa Karla kreuz Grunitzhy, por ter sido minha base segura enquanto eu empreendia. A todos os colaboradores do Grupo Ballke, os atuais e aos que fizeram parte da nossa história, meu agradecimento.

E a você, caro leitor, que acreditou nesse projeto, meu muito obrigado.

⊙ @lucianogrunitzhy   in @lucianogrunitzhy

90

Adendo

Costumo comparar um E-commerce a pilotar um avião.

No começo, quando ainda é um monomotor, temos apenas alguns comandos para ajustar, alguns indicadores para monitorar; mas à medida que esse monomotor começa a se tornar uma grande aeronave, o painel de comando aumenta, e os inúmeros indicadores precisam ser avaliados, testados e monitorados para que essa grande aeronave permaneça estável, com o mínimo de turbulência possível, planando suavemente acima das nuvens, em um lindo dia de céu azul.

www.ingramcontent.com/pod-product-compliance
Lightning Source LLC
Chambersburg PA
CBHW071059290526
45795CB00004B/1563